Inhalt

Palastrevolution - Das Mitmachnetz krempelt die Informationskultur in Unternehmen von Grund auf um

Kernthesen

Beitrag

Fallbeispiele

Weiterführende Literatur

Impressum

Palastrevolution - Das Mitmachnetz krempelt die Informationskultur in Unternehmen von Grund auf um

Harald Reil

Kernthesen

- Mithilfe von Web-2.0-Technologien gelingt es Unternehmen, das Wissen ihrer Mitarbeiter zu sammeln und anzuzapfen.
- Für die Führungskräfte hat das Mitmachnetz allerdings auch Schattenseiten: Ihre Arbeit steht ständig auf dem Prüfstand.
- Auf Dauer gesehen, haben die neuen Kommunikationstechniken aber positive

Folgen: Hierarchien werden flacher, Mitarbeiter zufriedener, Unternehmen arbeiten effizienter.

Beitrag

Spontane Online-Abstimmung

Das Mitmachnetz wird auch die Informationskultur innerhalb von Unternehmen grundlegend verändern. Symptomatisch für diese These ist die Erfahrung, die die Dresdner Firma T-Systems Multimedia Solutions beim Relaunch ihres Internet-Auftritts gemacht hat. Kaum stand die neue Website online, brach eine Feedback-Flut über die Verantwortlichen herein. 153 Mitarbeiter nutzten die integrierte Kommentarfunktion, um ihre Meinung über die neuen Seiten zu äußern - und die war oft alles andere als schmeichelhaft. Andere Mitarbeiter riefen spontan eine Online-Abstimmung ins Leben, um den Relaunch zu bewerten. Das Ergebnis: desaströs. 88 Prozent der Teilnehmer hielten den neuen Auftritt für so schlecht, dass sie eine Rückkehr zur alten Website verlangten. Die Verantwortlichen, die mit allem außer mit dieser vernichtenden Kritik gerechnet hatten, waren gezwungen zu reagieren und besserten nach. Eine Woche nach der eigentlichen Live-Schaltung waren die gröbsten Fehler ausgebügelt. (1)

Unangenehme Erfahrung, positive Konsequenzen

So unangenehm diese Erfahrung für die Schöpfer des neuen Webauftritts der Firma T-Systems Multimedia Solutions auch gewesen sein mag, so hatten die massiven Einwände, die durch das Mitmachnetz in dieser Konzentration und Schärfe überhaupt erst möglich wurden, doch auch positive Konsequenzen. Die Internet-Präsenz des Unternehmens ist jetzt besser; die Mitarbeiter, die Kritik geäußert hatten, fühlen sich ernstgenommen; die Bindung ans Unternehmen ist enger. Die Macht der Masse, die im Falle der Dresdner Telekom-Tochter eher zufällig ihre Stärke demonstriert hat, wird in einigen Firmen mittlerweile schon gezielt eingesetzt. Mithilfe von Web-2.0-Technologien speichert die Belegschaft ihr gesammeltes Wissen in so genannten Wikis, die nach dem Vorbild des erfolgreichen Online-Lexikons Wikipedia gemodelt sind. Das heißt: Mitarbeiter dürfen darauf zugreifen und Informationen auch bearbeiten. (1), (2), (3), (7)

BASF setzt auf das YouTube-

Prinzip

Zwar mögen Telefon und E-Mail in den meisten Unternehmen noch immer den Arbeitsalltag beherrschen, wahrscheinlich ist aber, dass sich Unternehmen, die sich der neuen Form der Kommunikation nicht öffnen, bald das Nachsehen haben werden. BASF hat beispielsweise dagegen die Zeichen der Zeit erkannt und ein internes Community-Portal namens "Connect.BASE" eingerichtet. Das Ziel: Die Mitarbeiter des weitverzweigten Dax-Konzerns sollen leichter über Abteilungen hinweg kommunizieren und ihr Wissen teilen können. Die Initiative ist auf große Resonanz gestoßen: Schon nach einem halben Jahr hatten sich 1 500 Sub-Communities gebildet, deren Mitglieder sich rege austauschen. Gleichzeitig verringerte sich die Zahl der E-Mails. Zusätzlich zu ihrem Informationsportal hat BASF auch eine Lernplattform installiert. Das nach dem YouTube-Prinzip funktionierende Community-Projekt namens "BASF Learning Tube" soll unabhängig von Zeit und Ort Wissen schnell und effizient vermitteln. (4), (6)

Digital Natives lassen sich nicht aufhalten

Dass diese Informationsrevolution, deren erste Anzeichen bereits heute erkennbar sind, die Kommunikationslandschaft in Unternehmen dauerhaft verändern wird, zeigt folgendes Untersuchungsergebnis der IT-Sicherheitsfirma Clearswift. Schon heute geben rund 21 Prozent der Digital Natives an, nicht für eine Firma arbeiten zu wollen, die die Nutzung von Facebook und anderen modernen Kommunikationsplattformen verbietet - die private Nutzung wohlgemerkt. Wer so radikal denkt, wird auch nicht bereit sein, am Arbeitsplatz auf diese neuen Technologien zu verzichten. Der Aufstand der Digital Natives ist daher programmiert. Die Palastrevolution wird jedoch anders als bei anderen bisherigen Umsturzbewegungen aller Wahrscheinlichkeit nach auch der "herrschenden Klasse" nutzen. [1]

Abschied vom autoritären Gehabe

In seiner einflussreichen Studie "The World Is Flat: A Brief History of the Twenty-First Century" beschreibt der mehrfache Pulitzerpreisträger Thomas L. Friedman den demokratisierenden Einfluss der gegenwärtigen Technikrevolution. Hierarchien und Mauern zwischen den Staaten fallen; die globalisierte Welt wird zunehmend flacher. Dasselbe Phänomen der Enthierarchisierung und Demokratisierung wird dank des Mitmachnetzes aller Wahrscheinlichkeit nach auch in Unternehmen immer mehr um sich greifen. Schon jetzt sind die ersten Ansätze erkennbar. Da das Mitmachnetz niemanden verschont, werden sich allerdings auch Chefs darauf einstellen müssen, ständig auf dem Prüfstand zu stehen. Wer sich dagegen sperrt, ist fehl am Platz und muss sich den Vorwurf gefallen lassen, einer Führungsgeneration anzugehören, die obsolet geworden ist. Der baldige Abschied vom autoritären Gehabe beratungsresistenter Besserwisser könnte auch dazu führen, dass endlich die Mitarbeiterzufriedenheit wächst. Dass sie einer der entscheidenden Faktoren für eine gute Unternehmensperformance ist, ist zwar schon lange bekannt; Versuche sie zu erhöhen, sind bisher aber nicht sonderlich erfolgreich gewesen. (1), (5), (7)

Trends

Best-Practice-Lösungen in Unternehmenswikis

In Zukunft werden Knowledge-Management-Systeme, wie sie zum Beispiel Microsoft mit der Software SharePoint schon heute anbietet, eine immer bedeutendere Rolle spielen. Da diese Systeme von qualitativ hochwertigem Input leben, könnten finanzielle Anreize dafür sorgen, dass ihn Mitarbeiter auch liefern. Einige Großunternehmen machen schon heute vor, wie die Informations- und Kommunikationskultur der nahen Zukunft aussehen wird. Mitarbeiter aus der ganzen Welt tragen Informationen in spezialisierten Sub-Communities zusammen. Aus diesen lassen sich Best-Practice-Lösungen zu den unterschiedlichsten Problemen destillieren. (8)

Fallbeispiele

Daumen rauf, Daumen runter

Mithilfe des Mitmachnetzes können Mitarbeiter auch ungeschönte Meinungen über ihre eigene Performance einholen. Wie das funktionieren kann, demonstriert zum Beispiel die Software Rypple, mit der einige amerikanische Unternehmen bereits arbeiten. Ein Mitarbeiter hält einen Vortrag. Anschließend möchte er wissen, wie er angekommen ist. Er schickt seinen Zuhörern eine Frage, die 140 Zeichen nicht übersteigen darf. Diese geben mit einem Daumen-nach-oben beziehungsweise Daumen-nach-unten-Klick ihr Feedback ab. Da die Antworten anonym sind, kann der Fragesteller davon ausgehen, dass seine Leistung objektiv bewertet worden ist. (1)

Lufthansa ruft "eTeaming" ins Leben

Lufthansa hat ein ähnliches Konzept wie BASF ins Leben gerufen. Bei der deutschen Fluggesellschaft heißt die Kommunikationsplattform, die Kollegen unabhängig von Rang und Standort miteinander verbindet, allerdings "eTeaming". Die Mitglieder haben Sub-Communities eingerichtet, die Namen wie Digital Innovators Club und Blackberry World tragen oder die sich mit Themen wie Fuel Efficiency und Crowdsourcing beschäftigen. (4)

Wachstum dank Firmenwikis und interner Blogs

Die Communardo Software GmbH, eine Dresdner IT-Firma, die sich auf die Installation moderner Kommunikationsplattformen in Unternehmen spezialisiert hat, floriert. Als die Firma vor zehn Jahren aus der Taufe gehoben wurde, bestand sie gerade einmal aus den drei Gründungsmitgliedern. Zehn Jahre später arbeiten rund 300 Mitarbeiter an der

Aufrüstung von Unternehmen mit Firmenwikis, internen Blogs oder sozialen Unternehmensplattformen. Auch die Umsatzzahlen können sich sehen lassen: Sie steigen im Schnitt um 25 Prozent pro Jahr. (9)

Weiterführende Literatur

(1) "Die Unternehmen werden facebookisiert"
aus Computerwoche, 19.09.2011, Nr. 38

(2) Innovation durch ITK - was ist das eigentlich?
aus Computerwoche, 19.09.2011, Nr. 38

(3) Innovating Innovation - From Recycling to User Driven Innovation
aus APA W&B vom 20.09.2011

(4) Schneller akzeptiert als gedacht
aus werben & verkaufen Nr. 38 vom 22.09.2011, S. 82

(5) Die Relevanz der Mitarbeitermotivation
aus Industrie Management, Nr. 4, 2010, 74-77

(6) Klassiker wie Telefon und Mail beherrschen modernes Arbeiten
aus COMPUTER-INFORMATIONS-DIENST vom 20.September 2011

(7) Mehr als nur Wikipedia - FIRMENWIKIS Unternehmen setzen Wissensmanagement im

Intranet ein / Neue Form der Zusammenarbeit
aus Allgemeine Zeitung vom 09.09.2011

(8) IT-Manager wetten
aus CIO - IT-Strategie für Manager, Meldung vom 02.09.2011

(9) Kunden liefern Tipps für die Strategie
aus Handelsblatt Nr. 111 vom 09.06.2011 Seite 59

Impressum

Palastrevolution - Das Mitmachnetz krempelt die Informationskultur in Unternehmen von Grund auf um

Bibliografische Information der deutschen Nationalbibliothek

Die Deutsche Nationalbibliothek verzeichnet diese Publikation in der deutschen Nationalbibliografie; detaillierte bibliografische Daten sind im Internet über http://dnb.d-nb.de abrufbar.

ISBN: 978-3-7379-0380-6

© 2015 GBI-Genios Deutsche Wirtschaftsdatenbank GmbH, Freischützstraße 96, 81927 München, www.genios.de

Alle Rechte vorbehalten. Dieses Werk ist einschließlich aller seiner Teile – z.B. Texte, Tabellen und Grafiken - urheberrechtlich geschützt. Jede Verwertung außerhalb der Grenzen des Urheberrechtsgesetzes bedarf der vorherigen Zustimmung des Verlags. Dies gilt insbesondere auch für auszugsweise Nachdrucke, fotomechanische Vervielfältigungen (Fotokopie/Mikroskopie), Übersetzungen, Auswertungen durch Datenbanken oder ähnliche Einrichtungen und die Einspeicherung und Verarbeitung in elektronischen Systemen.